AF337462

POURQUOI

UN

PLÉBISCITE ?

GENÈVE

—

1871

POURQUOI UN PLÉBISCITE?

———

Dans un temps où chacun se demande quelle sera la forme du gouvernement, plus ou moins définitif, qui succèdera au provisoire actuel, chacun a le droit de dire :

Voyons les garanties que le rétablissement d'une des monarchies quelconques donnerait à l'ordre, à la paix ou à la trêve des partis. « Dévoilons l'abîme et regardons-le au lendemain de votre imprudent triomphe! Est-ce Henri V que vous appellerez. » Dieu me préserve d'insulter un prince, que son innocence et son infortune, augmentées par des qualités personnelles qu'on dit éminentes, doivent rendre sacré; un prince qui, de la royauté, n'a connu que l'exil, et qu'une révolution purement dynastique jeta avec sa mère hors d'un palais. Le droit des peuples *seul* est, dans mon esprit, supérieur aux hérédités du sentiment et même des traditions de famille. Nul plus que moi ne blâme la révolution de 1830, cette usurpation sans excuse; mais le peuple n'usurpe rien, *lui;* tout est à la nation, même le droit de donner ou de rendre un trône. Je suppose que demain vous détrôniez le peuple, *le vrai,* pour remettre Henri V, hélas! non plus aux Tuileries, mais sur le trône, vous entendrez pendant quelques heures ces acclamations qu'un malheur de famille, réparé, arrache aux partisans fidèles de cette réparation; je les honore : c'est la consolation de trois exils, c'est l'expiation des échafauds dont la patrie a souffert plus par ses remords que la famille royale n'a souffert dans ses regrets! Mais le lendemain?

Entendez-vous le murmure, le mugissement de ce peuple, de ces millions d'hommes, peu républicains aujourd'hui, qui le deviendraient le jour où la royauté rétablie *sans eux* aurait par ce fait même nié leurs droits? de ce peuple irrité chaque jour, parce qu'on lui montrera, à chaque mouvement de la royauté, les nobles, le clergé, la féodalité peut-être? entourant le roi, ramenant les institutions, les inégalités, *les églises exclusives*, les rancunes et les revendications du passé. Voyez-vous les autres dynasties montrer du doigt à leurs partisans chaque sourire, chaque bienveillance du roi pour ce parti fidèle, et le peuple les interprétant comme des actes hostiles à ses droits, hostiles à ses principes?

Républicains, Orléanistes (car il en restera), Impérialistes amasseront tous les éléments d'opposition contre ce trône qui, tout juste qu'il semble être, n'est plus qu'un anachronisme. Dieu préserve un prince innocent, un nom illustre, de ce trône qui ne serait qu'un tombeau ou un écueil où sa race et son pays achèveraient de mourir.

Rappellerez-vous la Royauté révolutionnaire et illégitime?

Ecoutez le cri de la juste indignation des royalistes, la colère de la Vendée et du Midi, la guerre civile recommençant sur nos ruines, sanglantes encore; voyez plus encore : la colère des républicains dépossédés. En face de Henri V, les impérialistes ne seraient que des adversaires; en face d'un roi d'Orléans, ils deviendraient des ennemis. Voyez la triple hostilité des deux monarchies évincées, d'une République étranglée par une Révolution.

Et qui donc serait là pour soutenir cette royauté, sans droits, sans principes, sans tradition, n'ayant ni noblesse, ni clergé, ni peuple pour l'appuyer?

Mais vous dites : Nous nous unirons, *la fusion est faite*. La fusion de quoi, grand Dieu? de deux principes qui s'excluent, qui se combattent, se neutralisent, qui s'immolent, se proscrivent et se flétrissent depuis des siècles. La fusion de la famille d'Orléans et de la famille de Bourbon!

Enfin, ces deux principes se combinent pour régner : l'un fait amende honorable, l'autre oublie ses ancêtres ; qui règnera? l'héritier légitime sera-t-il subordonné à l'usurpateur, et paraîtra-t-il à la cour des spoliateurs de sa famille, des flétrisseurs de sa mère? Non, l'héritier règnera ; eh bien! du jour où la branche illégitime rompt avec la révolution, son principe et sa force, c'en est fait d'elle, et il n'y a plus qu'une cour avec quelques princes de plus, et alors la nation reçoit comme exemple la vue de deux oublis de principes : la légitimité tendant les bras à la révolution, les principes libéraux de 1830 reniant leur histoire pour fléchir le genou devant le trône qu'ils attaquèrent. Deux apostasies pour une couronne, ce serait trop ; aucun parti ne serait satisfait ; car, sur le trône, on ne retrouverait ni la légitimité pure, ni la Révolution.

D'ailleurs, les partisans de cette fusion savent-ils ce que sont ces antipathies coulant dans les veines avec le sang, se disputant depuis des siècles la popularité dans un même royaume, dans un même palais.

Le jour du testament de Louis XIV, on insultait le régent qui, vicieux, n'était cependant pas criminel. La cour de Louis XVI déshonorait à l'avance Louis-Philippe d'Orléans, à qui on refusait *son seul* jour de gloire, le combat d'Ouessant, où on l'appelait lâche et où il avait été brave! et ce même Philippe-*Egalité* se faisant l'ami de la Révolution, insultant et déshonorant la majesté de

Marie-Antoinette, et cherchant à éteindre sa haine dans le sang de Louis XVI ; et son fils, Louis-Philippe Ier, avant le jour de son inique triomphe, n'avait-il pas fomenté contre Charles X toutes les haines, toutes les ambitions, toutes les rancunes ? Depuis, n'a-t-il pas déshonoré publiquement une femme, une mère, une princesse, la duchesse de Berry, la mère d'Henri V ? et après la mort mystérieuse et profitable du prince de Condé, M. le duc d'Aumale n'a-t-il pas eu l'étrange audace ou l'oubli naïf d'écrire l'histoire de la maison de Condé, reprochant à Napoléon Ier, qui l'expia à Sainte-Hélène, la mort du duc d'Enghien ? M. le duc d'Aumale oubliait sans doute que ce n'était pas le dernier Condé, et que le dernier Condé, octogénaire et infirme, pendait étranglé au château de Chantilly, et que Louis-Philippe, son père, en était devenu le seul héritier. Les têtes de Louis XVI et de Marie-Antoinette n'ont pas oublié le vote de Philippe-Egalité ; un ruisseau de sang sépare Henri V de son héritier Louis-Philippe II ; se baigneront-ils dans ce ruisseau, et sera-ce un nouveau Léthé qui leur fera perdre la mémoire ? Mais non, le sang est plus fort que la politique, et dans quelque temps les luttes sourdes d'autrefois recommenceront ; et toujours recommencer, la France me semble un peu lasse pour cela ; non, la fusion est un de ces romans qui séduisent les esprits médiocres ou les hommes politiques ambitieux qui cherchent à reconstruire avec des rêves un passé écroulé depuis lóngtemps, et aussi en désaccord avec la situation actuelle que le seraient les palais de Ninive et de Babylone, si quelque industriel voulait les adapter aux besoins des sociétés modernes.

Mais quand même une monarchie prévaudrait par une fusion contre nature, par un caprice de la France, par une conspiration (comme certains savent si bien les réussir

quand il s'agit de renverser), et amènerait sur le pavois u
prétendant innocent, porté par une foule égarée ou vendue
quand même cette monarchie, de souvenir ou de hasard
légitime ou usurpatrice, parviendrait à dominer et à vain
cre les opinions rivales, comment se défendra-t-elle contr
la grande rivalité, la souveraineté du peuple? Commen
et avec quelle force maintiendra-t-elle cette société qu
couvre partout et invinciblement le suffrage universel
Que l'Assemblée actuelle se dise ou se croie Constituante
peu importerait en d'autres temps; mais, à l'heure pré
sente, où tant de ruines, tant de mensonges, de folies e
de crimes ont précipité la France dans un abîme de dou
leurs; où le pays, remué et divisé, affolé et désespéré, s
demande où sera le salut, qu'une Assemblée s'adjuge l
droit de diriger le choix de la nation, peut-être même d
lui imposer un gouvernement, c'est de la démence o
l'ambition la plus criminelle; c'est se charger volontaire
ment de la plus terrible des responsabilités. Dieu sai
quelle responsabilité pèse déjà sur bien des membres d
cette Assemblée; parmi eux il en est qui firent le 4 sep
tembre, qui le préparèrent de longue date, se réjouiren
du triomphe de leurs conspirations, qui se figurèren
peut-être qu'après avoir soulevé l'écume des passion
humaines, et s'en être servis, ils la laisseraient retomber
et que tout serait dit; les insensés, les misérables, ils on
ouvert les portes de l'enfer, et les démons leur ont ré
pondu, et la lueur des incendies de Paris éclaire la Franc
égarée, et montre la perversité de leurs desseins, et le
affreuses conséquences de leurs crimes et de leur ambi
tion. Comment! en face de tant de malheurs, de tant d
ruines, oser assumer la responsabilité de dire au pays
« Nous t'avons perdu, nous te sauverons. » Le bon sens s
refuse à croire à une telle aberration, l'honnêteté à u
pareil crime.

Si la République, telle qu'on nous l'a imposée, était en ce moment dirigée par des hommes sincèrement convaincus et sincèrement républicains, comme nous pourrions en citer plusieurs, nous sommes certains qu'ils seraient les premiers non-seulement à reconnaître, mais à demander l'appel au peuple, franc, loyal, donnant à tous la liberté qu'on demandait jadis, qu'on refuse aujourd'hui ; et quel que soit le résultat d'un plébiscite, tous se soumettraient. Dans l'état où est la France, après ces malheurs sans nom, aussi immenses que sa prospérité était inouïe, aucun parti n'a le droit de se dire le salut du pays ; c'est au pays lui-même qu'il convient de choisir le gouvernement qu'il croit le plus propre à ramener non pas, hélas ! la prospérité ni le bonheur, mais le calme, l'ordre et le repos. La France est sanglante, harassée ; laissez-lui donc choisir celui qui pansera ses plaies et la guérira dans l'avenir ; après tout le mal fait, voulez-vous donc donner le coup de grâce au pays, en répandant de nouveaux germes de guerres eiviles ? Quoi ! le monde entier nous plaint, et vous seuls, hommes de parti, serez-vous sans pitié et ferez-vous donc toujours passer vos misérables calculs avant le salut de la France ?

Quant à moi, je ne vois que ces deux propositions, empire ou république, qui réunissent l'une ou l'autre quelque chance de succès, parce que ces deux formes de gouvernement reposent sur le seul vrai principe du monde moderne : le droit plébiscitaire, le suffrage universel. Néanmoins, si le peuple juge autrement, qu'il choisisse ; je m'inclinerai devant son choix, craignant qu'il n'ait pas vu où étaient ses vrais intérêts.

La République, consentie par tous, sans ombrage, sans soupçons, sans arrière-pensée de la confisquer en haut pour une monarchie, en bas pour une nouvelle et horrible

Commune, serait en effet un gouvernement qui nous offrirait de grandes chances de paix. Il est certain qu'elle amènerait une décentralisation, bonne peut-être, peut-être aussi excessive ; l'industrie, l'art, le noyau intellectuel, la fortune publique, n'ayant plus de raison de se grouper autour d'un centre, y perdraient évidemment beaucoup ; la campagne, à laquelle on fait trop entrevoir une prospérité illusoire dans un excès de décentralisation, gagnerait peut-être en vertu ce qu'elle perdrait en bien-être matériel, en progrès et en richesse. Il est certain que l'attraction de Paris a été nuisible en arrachant trop de bras à la campagne ; mais aussi que de fortunes s'y sont faites, que d'ouvriers, partis à pied de leur modeste chaumière, sont revenus riches dans leurs villages, répandre autour d'eux le travail, le bien-être et l'instruction ; c'est une mode de vouloir la décentralisation à tout prix, *à outrance*, comme on a voulu la guerre à tout prix sous l'Empire, la guerre à outrance sous la République ; on fait tout avec fièvre en ces temps-ci, sans examiner si, avec plus de temps, plus de calme, on n'arriverait pas à des résultats moins absolus et meilleurs. La République, je le crois, si elle ne ramenait pas la prospérité (si elle est encore possible à ramener), protégerait les droits, la vie des citoyens, serait impartialement indifférente pour toutes les religions, ferait rigoureusement observer les lois et pourrait peut-être maintenir l'ordre dans l'avenir ; mais c'est à la condition d'être décidée, acceptée par la France dans un plébiscite qui fera taire tous les partis, à condition qu'elle sera un terrain neutre où se rencontreront toutes les opinions apaisées par une manifestation libre et évidente de la volonté du pays tout entier, à condition qu'elle ne serait pas agitée par des souffles imprudents, à condition surtout que, malgré les immenses difficultés de fonder une république dans un pays qui a depuis des siècles d'autres habitudes, le principe conservateur domine et soit représenté par des hommes capables de le faire prévaloir, et non par ces assemblées anonymes sans force, sans prévoyance, et dont de récentes et terribles épreuves nous ont montré l'imprévoyance et l'impuissance à prévenir le mal.

Conservons la République, si le pays la veut ; mais alors changeons nos habitudes, nos mœurs, nos défauts et même nos qualités ; car les essais de République que nous avons tentés à plusieurs reprises nous ont cruellement démontré que, tels que nous sommes et telle que nous la pratiquons, la forme républicaine ou notre nature a grand besoin d'être modifiée pour nous convenir, et je le regrette.

Reste l'empire, et ici je ne viendrai pas faire des questions de sentiment, parler de la bonté de l'Empereur, de son dévouement à l'armée dans cette journée de Sedan, que les partis appelèrent une honte et qui ne fut qu'une bonne action ; des vertus de l'Impératrice, de sa charité, etc. ; tout cela, peu nous importe ; les vertus des princes n'ont pas plus d'intérêt pour nous que n'en auraient leurs erreurs ; les unes et les autres appartiennent à la vie privée et ensuite à l'histoire qui rend à chacun selon ses œuvres, honore le juste outragé et calomnié, et flétrit les traîtres et les criminels.

Reste donc l'empire, l'empire qui n'a pas voulu la guerre, qui a peut-être eu le tort de trop se laisser influencer par l'opinion publique, l'empire, dont la politique bien comprise n'eût pas amené la guerre, quoi qu'en aient dit ses détracteurs. On a prétendu que l'unité de l'Italie faisait l'unité de l'Allemagne ; qui a fait l'unité de l'Italie ? L'empire a fait la Liberté italienne, l'Empereur voulait la délivrance de ces opprimés dont la situation anormale était pour l'Europe un foyer de révolutions et de guerres, mais la pensée première de •l'Empereur n'était-ce pas un retour vers ces anciennes et libres républiques italiennes si glorieuses dans leur indépendance; laissant au Saint-Siége sa suprématie morale, donnant à ses sujets l'indépendance moderne tout en respectant les antiques et vénérables priviléges de la cour de Rome, l'Empereur rendait l'Italie à elle-même, maîtresse de ses destinées, voulait la fédération ; dans la pensée d'alors, on faisait l'Italie libre ; elle-même a voulu l'unité, est-ce un mal, sera-ce un bien ? L'avenir seul nous le dira. Qui donc pouvait empêcher l'élan irrésistible et peut-être irréfléchi d'une nation qui peut s'unir ; malheureusement je n'ai pas sous la main les documents indispensables pour établir ces faits, mais j'affirme, et tous ceux qui ont un peu de mémoire et un peu de bonne foi, se souviendront que la guerre d'Italie fut faite pour la liberté dans la fédération ; et non pour le triomphe ou pour l'oppression de telle ou telle portion de l'Italie ; quant à la cause de l'indépendance, je m'étonne que certains prétendus amis de la cause pontificale oublient que le noble pontife Pie IX fut *le premier* à la protéger ; qu'en 1848 les drapeaux italiens furent bénis par lui, et que les premiers soldats de l'indépendance italienne moururent au cri de : Vive Pie IX. On veut à plaisir confondre la cause de l'indépendance italienne avec le drapeau de Mazzini et de Garibaldi, ou avec les agrandissements de la maison de Savoie ; on oublie que Pie IX fut l'apôtre de cette cause, et on embrouille volontairement cette question, on confond une idée juste, belle, bénie et féconde avec les violences, les erreurs qui en ont été les résultats momentanés et imprévus ; l'empire voulait l'Italie libre ; le

*

hasard a produit l'Italie une ; le Pape devait en être le père comme il fut l'apôtre de l'indépendance, les circonstances en ont fait la victime ; que l'on veuille seulement bien reconnaître que les royaumes ne se fondent pas en quelques années, que, troublée et incertaine encore, l'Italie cherche sa voie. La cause de l'indépendance d'un peuple, cause bénie dans le passé par Pie IX, ne peut manquer de triompher dans l'avenir, et de s'établir sous la forme que la Providence lui assignera ; mais il est étrange de dire que l'empire a fondé l'unité italienne, il n'a fondé que sa liberté. Quand à l'unité allemande, si, comme bien des gens le désiraient, nous avions eu une guerre avec l'Allemagne, *avant* Sadowa, non seulement toutes les nations réunies hier encore contre nous, mais en plus l'armée autrichienne tout entière, nous accueillaient ; l'Allemagne divisée contre elle-même, se serait toujours *réunie* contre nous ; la haine du nom français, le désir de venger d'anciennes et nombreuses défaites auraient toujours uni contre nous toutes les races germaniques, je ne vois donc pas trop ce que nous eussions gagné si les Etats allemands étaient restés ce qu'ils étaient avant Sadowa ; de plus je ne vois pas pourquoi nous devions nécessairement nous mêler aux querelles de la Prusse et de l'Autriche, de quel droit nous eussions empêché le grand mouvement des nations germaniques, et ce que nous y aurions gagné. Ce que je vois clairement, c'est l'habileté de l'opposition à se servir de prétextes d'autant plus passionnants qu'ils étaient plus vagues, pour exciter toujours nos susceptibilités.

En somme, si l'opposition avait cru que le gouvernement impérial désirait la guerre, elle ne lui aurait pas toujours jeté à la figure la défaite imaginaire de Sadowa, c'eût été par trop naïf de le servir à ce point ; l'opposi-

tion savait bien que la politique de l'Empereur n'amènerait pas la guerre si elle ne s'en mêlait pas ; c'est donc
à son habileté que nous sommes redevables d'avoir paru
déclarer la guerre, alors que la Prusse nous forçait à la
faire, et M. de Bismarck pourrait adresser ses remercie-
ments à messieurs de l'opposition qui ont si bien servi
ses intérêts ; sans leurs discours agressifs, la nation française ne se fût pas crue humiliée par la bataille de Sadowa, la nation allemande n'eût pas été excitée par ces
discours menaçants où on lui rappelait ses défaites et nos
victoires passées, en la menaçant encore dans l'avenir, et
les deux pays ne se seraient pas jetés avec autant d'en-
train dans une guerre terrible, que le gouvernement prus-
sien avait tout intérêt à nous faire déclarer ; que le gouvernement impérial avait tout intérêt à éviter, pour la
France d'abord, pour la dynastie ensuite ; malheureuse,
la guerre le perdait ; heureuse, elle ne lui apportait rien.
Les Prussiens de Berlin et les Prussiens de Paris s'en-
tendirent pour écraser le pays sous les ruines du gouvernement impérial, et la révolution du 4 septembre fut la
plus utile auxiliaire de l'armée prussienne. L'Empereur
avait voulu, il y a quelques années, réorganiser son armée,
la rendre plus forte, plus nombreuse, plus en état d'en-
treprendre de grandes guerres ; on s'opposa à sa volonté,
le Corps législatif refusa les fonds nécessaires à l'aug-
mentation de l'armée ; on diminua les contingents ; les
partis cherchèrent à exciter le mécontentement et la dé-
fiance dans l'armée ; puis, lorsque leur petit travail fut
bien réussi, ils troublèrent les esprits et, lorsque le pays
fut surexcité, lorsqu'ils virent clairement que l'Empereur
ne voulait pas la guerre dans un pareil moment, ils ren-
dirent la paix impossible ; pour être justes, les maladres-
ses de certains ministres les y aidèrent ; sans dégager en-

tièrement la responsabilité de l'Empereur des événements du mois de juillet dernier ; on peut affirmer et *prouver* qu'il n'a eu qu'un tort, celui de ne pas être plus raisonnable que la nation, et de s'être dessaisi, pour le plus grand bonheur de ses ennemis, des pouvoirs que le peuple avait réunis entre ses mains. En somme l'Empereur *n'a pas voulu* et ne *pouvait pas* vouloir la guerre ; il avait tout à y perdre, rien à y gagner : elle lui a été en quelque sorte imposée, la Prusse la voulait, la France la désirait, il l'a subie, il en a été la victime, ses ennemis en ont triomphé ; je le demande, de quel côté sont les torts ?

Quant au reproche de corruption adressé à l'empire, il me semble bien niais pour valoir la peine de le réfuter encore ; mais, ceux qui parlent du luxe de l'ancienne cour, n'ont donc jamais vu le luxe de Londres, de Pétersbourg et de New-York même pour tant s'émouvoir d'un peu d'élégance à Paris ; on parle de mauvais livres, de pièces immorales, certes je ne les nie pas, mais étaient-ce donc des littérateurs aux gages de l'empire qui les écrivaient, n'a-t-on pas assez crié contre la censure que l'on trouvait trop sévère ; après tout, pourquoi lisait-on les mauvais livres, pourquoi assistait-on aux mauvaises pièces ? Et puis, sont-ce donc des nouveautés, l'empire a-t-il donné naissance à cette sorte de littérature ? Mais, que ces austères censeurs nous disent si les écrits des temps passés étaient plus sévères ; Boccace, Rabelais, Brantôme, Vadé, Voltaire et Michelet sont-ils donc si purs ? et la littérature obscène, ne date-t-elle que de l'empire ? et peut-on empêcher les écarts de l'imagination et les dévergondages de l'esprit humain ? On dit alors : Au moins les anciens avaient du talent, les œuvres d'aujourd'hui sont basses et triviales ; si cela est, c'est un progrès, elles en sont moins dangereuses, et ne perdront que des esprits bien disposés déjà à se laisser perdre. On parle des erreurs de tel ou tel personnage ; si elles existent, tant pis pour eux ; pourquoi tant les divulguer ? est-ce pour les donner en exemple au peuple, est-ce pour l'engager à mépriser ses supérieurs, est-ce pour lui faire croire que tous les rois, tous les ministres, tous les grands personnages venus, avant l'empire, étaient des saints, ou que tous les avocats, tous les garibaldiens, tous les communards, venus depuis, sont des êtres purs et sans tache ? Tout cela est absurde, il y a eu de mauvaises choses sous l'empire, il y en avait avant, il y en aura toujours ; le gouvernement, quel qu'il soit, n'y peut rien ; on se moque des errements cléricaux de la restauration, de la loi du sacrilége, etc. ; on blâme le voltairianisme du gouvernement de Juillet ; les uns attaquent l'empire comme ayant soutenu le Pape, protégé les prêtres, cédé à l'influence cléricale et dévote de l'Impératrice, les autres comme ayant semé la corruption dans les mœurs, l'impiété dans les cœurs, l'immoralité dans les esprits ; d'une part, on crie contre la censure théâtrale, contre les lois qui restreignirent la presse, etc. ; de l'autre, on crie contre la trop grande liberté au théâtre, contre les excès de la presse, contre les romans de ces dernières années ; on veut la liberté pour soi, pour ses opinions ; l'oppression pour celles du voisin ; que faut-il donc faire pour plaire à cet être si inconstant, si inconséquent et si séduisant qu'on appelle le peuple français, combien de temps encore le bon sens des masses sera-t-il dissimulé sous les absurdes criailleries d'une minorité médiocre, infatuée d'elle-même, injuste on insensée. Certes je ne veux pas dire qu'en France tout fût parfait, seulement je compare, et je trouve qu'ailleurs c'était pire, voilà tout ; et, si la nation française a continué les traditions de légèreté de mœurs et de frivolité d'esprit qui lui furent léguées par les générations précédentes, je n'y vois pas la part qui incombe à l'empire ; tous les esprits pouvaient s'y montrer, développer leurs théories, bonnes ou mauvaises ; tant pis pour ceux qui ont eu le goût du mal et l'éloignement des choses bonnes et sérieuses, qu'y pouvait-on faire ? Fallait-il exiler M. Duruy pour plaire à Mgr Dupanloup, ou pendre M. Veuillot pour charmer M. Havin ? Tous ces reproches sont d'une absolue mauvaise foi, ces grands mots sont d'autant plus dangereux qu'on les répète sans y attacher un sens précis, ils plaisent d'autant plus qu'ils sont plus obscurs, plus vagues, et ces reproches de corruption se colportent, se répètent, se croient et effraient, parce que, n'étant ni fondés, ni prouvés, ils ont tout l'attrait du mystérieux et de l'incompréhensible ; ils ont en outre le mérite de servir admirablement les projets de ceux qui les ont inventés.

Un autre argument qui a cours, c'est que l'empire a tué toutes les intelligences, et qu'aucune supériorité ne s'y est montrée ; mais, parmi les hommes politiques, les orateurs, les noms de MM. Billault, Drouyn de Lhuys, de Morny, de Forcade, Troplong, Walewski, Rouher, Thouvenel, Emile Olivier lui-même, Duvernois, etc., ne sont pas absolument obscurs ; parmi les gloires militaires, MM. de Saint-Arnauld, Pélissier, Canrobert, Palikao, Bourbaki, Mac-Mahon, et tant d'autres peuvent être cités avec un juste orgueil par les Français de notre génération qui les ont vus à l'œuvre ; et, parmi les littérateurs, en faisant abstraction des doctrines de certains hommes, ne trouvons-nous pas MM. Augier, Feuillet, About, Renan, Alexandre Dumas fils, Taine, Caro, le père Hyacinthe, Coppée, Ponsard, et une foule d'autres illustres aussi dont la nomenclature serait trop longue, et Violet-Leduc, Cabanel, Hébert, Carpeaux, l'infortuné Regnault, Rousseau, Baudry, G. Doré, etc., ne sont-ce pas des artistes dont le mérite nous semblerait éclatant si nous n'avions pris à tâche de dénigrer notre époque et nos contemporains ; je n'ai ni la prétention ni le temps de faire une nomenclature des hommes remarquables admirés sous l'empire, mais en disant rapidement ces quelques noms, je rappelle à toutes les mémoires la longue liste de talents célèbres dans tous les genres que je suis forcé d'omettre ici et qui peuvent victorieusement répondre à cette assertion mal fondée et offensante, qu'il n'y avait que des médiocrités sous l'empire ; je crois que depuis longtemps aucune cour n'avait réuni autant d'hommes remarquables dans la politique, la science, les lettres et les arts ; et, loin de décourager les talents nouveaux, les esprits étroits et exclusifs ont souvent reproché aux souverains une trop grande facilité à admettre dans leur intimité certains hommes que leur intelligence rendait les égaux des plus capables, les supérieurs du plus grand nombre.

Tout ceci a été dit maintes fois, tout ceci nous le savions, nous le voyions, et tout ceci, parce qu'il a plu à quelques hommes de le nier, il nous a plu, à nous, de baisser la tête et de laisser insulter non seulement une monarchie qui nous avait donné vingt ans de prospérité, mais aussi toute une époque, toute une génération ; chacun de nous s'est senti injurier dans ses sentiments, dans ses affections, dans ses opinions, dans ses croyances ; et personne n'a élevé la voix, parce qu'on avait peur de quatre ou cinq avocats sans scrupules, qui avaient volé le pouvoir et qui terrorisaient si bien la France qu'on envoyait des milliers d'hommes à une mort sans utilité, qu'on ruinait le pays, qu'on déshonorait l'armée, qu'on traînait la France dans la boue sans que personne ait protesté contre un pareil état de choses, et que ceux qui osaient essayer de parler allaient se taire en prison ou en exil ; voilà la seule, la vraie honte, et tout cela a fini par l'épouvantable drame de Paris, et les hommes qui ont amené tant de désastres sont encore au pouvoir, et ils osent parler des fautes des autres, eux qui ont commis des crimes, et ils rejettent sur les victimes la responsabilité des événements dont ils sont les coupables auteurs, et ils voient si bien que la France les juge maintenant, que le peuple qu'ils fusillent aujourd'hui après l'avoir flatté et trompé hier, les hait et les méprise, qu'ils renient le principe de toute leur vie, qu'ils craignent le suffrage universel, qu'ils refusent à la France son droit, un plébiscite ; parce qu'ils savent que le peuple est leur maître, qu'il doit en ce moment être leur juge, et qu'ils ont peur de leur juge. Comment, lorsque les républicains honnêtes, les impérialistes, les princes d'Orléans même acceptent le plébiscite, l'Assemblée le refuse, est-ce loyal, et quel est donc le gouvernement qu'elle veut nous imposer et qui se croit assez fort pour vivre sans l'assentiment national ? Nos malheurs sont trop grands, la situation trop difficile, la question sociale trop effrayante pour qu'aucun homme puisse gouverner, ramener la sécurité, l'ordre et un peu de prospérité, sans l'accord de *tous*, sans une force et des pouvoirs considérables ; et qui donnera cette force, ce pouvoir, sinon la volonté nationale réunie entre les mains de l'Elu de son choix.

Un homme d'Etat disait jadis, en parlant du vote de huit millions en faveur de Napoléon III : « Cette électricité populaire dissipa comme un coup de foudre les nuages qui s'amoncelaient à l'horizon, et fonda la vaste et féconde démocratie qui fut le second empire. »

Jamais le mot de démocratie ne fut mieux appliqué ; le gouvernement impérial n'était que le pouvoir de tous, réuni en un seul ; c'était la vraie dynastie née dans ce siècle de transformation sociale, la seule qui pût réunir au même degré le respect du passé aux aspirations modernes, qui sût allier l'esprit conservateur au progrès, et, en défendant les droits des classes élevées, donner en même temps aux classes moins privilégiées les mêmes droits, les mêmes libertés : le travail, le bien-être et l'instruction, la vraie source où l'homme puise, en même temps que la connaissance de ses droits, la connaissance et le respect de ses devoirs ; tout cela, la France l'a compris pendant vingt ans, et pendant vingt ans elle a été heureuse, fière et prospère ; elle voit maintenant ce que quelques mois de folie, de crimes et *de crédulité* lui ont coûté ; il en est encore temps, si elle veut se sauver, elle le peut ; mais saura-t-elle vouloir ? La douleur et la colère ne raisonnent pas ; profitons d'un moment de calme pour nous recueillir, et voyons où sera notre salut ; si nous ne voulons pas de l'empire, ou s'il ne veut plus de la France après tant d'outrages et tant d'ingratitudes, ne renversons pas la République, car au moins elle nous évitera peut-être une révolution inévitable avec une restauration impopulaire et une fusion contre nature et antipathique.

Tout gouvernement, toute réaction qui voudra se passer de la sanction du suffrage universel, détruire ce droit de la nation, ravir au peuple cette dignité, commettront un attentat et une faute. Entretenez-vous avec le peuple des campagnes, cette plainte éternelle de la terre ; avec l'ouvrier des villes : ils se plaindront peut-être, à tort ou à raison, de mille souffrances sous l'empire ; mais ils se souviendront tous que cet empire, c'est eux qui l'avaient fait ; que tous avaient leur part de cette souveraineté ; c'est la noblesse de l'homme du peuple que son bulletin ; il sait qu'une faute grave peut le lui ravir ; il sait que son

vote a élevé cette innombrable classe du travailleur au-
dessus de tout dédain, au-dessus de toute oppression; que
c'est le dernier point où peut atteindre l'égalité sur la
terre; il sent qu'il en jouit pour la première fois en créant
l'empire; il sait que l'empire a fait plus pour lui que tout
autre gouvernement; et s'il ne voit pas qu'en dehors de
l'empire il ne trouvera ni indulgence, ni pardon, ni liberté,
ni travail, c'est à désespérer du bon sens des masses. Qu'ils
aillent donc voir, ces malheureux qui se plaignaient des
sévérités de l'empire, la répression du gouvernement
actuel, qui fusille ses complices parce qu'il en a peur, qui
mitraille le peuple après l'avoir soulevé, qui pleure les
saintes victimes qu'il a lâchement abandonnées, et qui
s'étonne que, dans une ville où l'on avait réuni une armée
de scélérats pour faire le 4 septembre, on ait trouvé, au
mois de mai, cette même armée de misérables pour assas-
siner, brûler et piller. Quels sont ceux qui ont livré la
France aux Prussiens, qui l'ont laissé déchirer et dé-
membrer? Que M. Jules Favre réponde, à moins qu'il
n'aime mieux que Rochefort réponde pour lui! Quels
sont ceux qui ont livré Paris à la plus horrible des insur-
rections, sacrifié une population honnête, livré l'arche-
vêque et les autres à une armée de démoniaques? Nous
serons bien aises de voir les réponses de Messieurs de
l'Assemblée. Ce que nous croyons sincèrement, profondé-
ment, c'est que l'Empereur *seul* peut rétablir l'ordre
social en France, parce qu'il est le seul qui émane du
peuple; qu'il n'a pas été renversé par une révolution
populaire, mais qu'il est tombé par la trahison; qu'il s'est
livré pour sauver son armée et son peuple; qu'avec une
dynastie populaire, *tout* est facile; qu'avec un roi imposé
par une Assemblée, *rien* ne se fera. Je le crois, et c'est
pour cela que je crois une restauration impériale le salut

de la France; s'il en était autrement, je le répète, si je me trompe, gardons loyalement la République qui réunira tous les partis; ne remontons pas les années et ne cherchons pas à rétablir les races éteintes. Aux jeunes sociétés, il faut des dynasties nouvelles. Mais ce qui est certain, c'est qu'au peuple en péril, au peuple qui veut se relever et se régénérer, il faut une occasion de s'affirmer; il faut un acte réfléchi, sérieux; il faut qu'il pense et qu'il choisisse la voie où il veut marcher; quel que soit son choix, tous s'y soumettront. Ce que nous sommes en droit de demander, c'est l'appel direct à la nation, c'est le plébiscite; Dieu fera le reste.

Lucerne, 20 juin 1871.

GENÈVE — IMPRIMERIE VÉRÉSOFF & GARRIGUES